AF596756

ROC

L'EXTERMINATEUR,

MÉLODRAME COMIQUE EN TROIS ACTES;

PAR MM. THÉODORE N*** ET ADRIEN P***,

Ballet de M. BLACHE, Musique de M. ADRIEN.

Représenté pour la première fois, à Paris, sur le Théatre de l'Ambigu-Comique, le 29 Juillet 1828.

BEZOU, LIBRAIRE,

SUCCESSEUR DE M. FAGES,

Boulevard St.-Martin, n° 29, vis-à-vis le nouveau Théatre de l'Ambigu-Comique.

1828.

PERSONNAGES. ACTEURS.

PERSONNAGES.	ACTEURS.
SAINVILLE	M. CHÉRI.
DELSIN, ami de Sainville	M. DAVESNE.
ROC, oncle de Sainville	M. FRÉNOY.
VERNEUIL, riche propriétaire	M. BARON.
LAFLEUR, domestique de Delsin	M. VAUTRIN.
VIRGINIE, fille de Verneuil	Mlle CONSTANCE.
JUSTINE, femme de Lafleur	Mlle ÉLÉONORE.
USURMAN, créancier de Sainville	M. DUBOURJAL.
MELCOURT, homme d'affaires de Monsieur Verneuil	M. BOURGEOIS.
UN DOMESTIQUE parlant	M. ALFRED.
DOMESTIQUES, CRÉANCIERS, VILLAGEOIS, VILLAGEOISES,	personnages muets.

Le premier acte se passe à Paris; le deuxième et le troisième au Plessis-Piquet.

Imprimerie de CHASSAIGNON, rue Gît-le-Cœur, n. 7.

ROC L'EXTERMINATEUR,

MÉLODRAME COMIQUE EN TROIS ACTES.

ACTE PREMIER.

Le Théâtre représente une pièce formant antichambre, une porte au fond; à gauche la chambre de Delsin; à droite une porte donnant sur un escalier dérobé, à gauche une table sur laquelle sont des journaux et tout ce qu'il faut pour écrire.

SCÈNE PREMIÈRE.

LAFLEUR, JUSTINE, CRÉANCIERS.

(*Justine est occupée à ranger: Lafleur, entouré de créanciers qui lui présentent leurs mémoires, les écoute à peine; enveloppé dans une grande robe de chambre, il s'amuse avec une plume à troubler des poissons rouges. A droite un guéridon.*)

LAFLEUR.

Ah! mon Dieu! quel tapage! ah! c'est vous, monsieur le tailleur? comment se porte madame?... c'est une femme bien intéressante. Et vous, monsieur le bottier? les petits enfans... çà grandit... çà nous ressemble,... vous pouvez vous flatter d'avoir une jolie famille!... Mais dites-moi un peu, Messieurs, ce que vous voulez, ce que vous demandez?...

TOUS.

De l'argent! de l'argent!

LAFLEUR.

Fort bien !... je commence à comprendre... votre requête me paraît juste, et si mon maître était ici... malheureusement parti ce matin pour la campagne, il ne reviendra pas avant un mois... vous pouvez compter là-dessus...

TOUS.

Mais, Monsieur Lafleur....

LAFLEUR.

Je me mets parfaitement à votre place..... aussi m'empresserai-je, à son retour, de vous prévenir... Faché, désolé de vous quitter, mais les affaires... (*Il les reconduit et les met à la porte ; revenant sur le bord de la scène.*) Drôles de gens !... sont-ils entétés... heureusement qu'on a de l'à-plomb !

SCÈNE II.

LAFLEUR, JUSTINE.

JUSTINE.

Y songes-tu ? dire que M. Delsin, notre maître, est à la campagne... moi qui viens de lui porter son thé dans sa chambre.

LAFLEUR.

Tu viens de lui porter son thé... Justine, Mme Lafleur.....

JUSTINE.

Comment, Mme Lafleur, ne t'appelles-tu plus Georges ?

LAFLEUR.

Du tout, Lafleur est classique, j'ai débuté sous le nom de Lafleur, j'y tiens ; ainsi, Mme Lafleur, je voulais vous dire que je ne suis pas content que vous portiez le thé dans la chambre de Monsieur.

JUSTINE.

Quel mal y a-t-il à cela ?

LAFLEUR.

Quel mal ?... ô jeunesse imprudente ! Quel mal ?... Vous m'avez désobéi, et cela après un mois de mariage... voilà le premier mal,... j'espère même que, jusqu'à présent, c'est le seul ;... mais pour laisser à ta désobéissance son innocente simplicité, n'oublie plus ce que, depuis le jour où M. Delsin nous a pris à son service, moi en qualité de valet-de-chambre, toi comme femme de confiance, je ne cesse de te répéter..... c'est-à-dire que les attributions de ta charge ne t'obligent pas à porter le thé dans la chambre de Monsieur...

JUSTINE.

C'est lui qui m'en a donné l'ordre...

LAFLEUR.

Raison de plus pour ne pas le faire... Quant à la réponse que je viens d'adresser aux créanciers, tu sauras que, pour cette classe exigeante de la société, un jeune homme est toujours à la campagne...

JUSTINE.

J'entends, c'est ta consigne...

LAFLEUR.

Du tout!... M. Delsin ne m'a fait aucune recommandation;... mais mon expérience!... Quinze ans de service chez différens mauvais sujets!...

JUSTINE.

Lui, c'est autre chose, un jeune homme sage,... rangé,... un médecin.

LAFLEUR.

Sans malades,... Un fait positif, c'est qu'il a des dettes, et personne ne reçoit avec plaisir la visite de ses créanciers,... pas même celui qui a de l'argent...; épargner à son maître un réveil désagréable, voilà ce qui distingue un serviteur intelligent d'un valet vulgaire,... et c'est ce que j'ai fait.

DELSIN, *dans la coulisse.*

Lafleur!

LAFLEUR, *quittant la robe-de-chambre de Delsin et prenant sa livrée.*

Il est matinal aujourd'hui!... Monsieur, voilà! diable! quittons sa robe-de-chambre... Justine, sans rancune,... va t'occuper des détails du ménage,... du zèle,... de l'intelligence...

JUSTINE, *en s'en allant.*

Oui, vilain jaloux!...

LAFLEUR.

Jaloux?... j'en conviens, aussi plus de thé dans la chambre de Monsieur.

SCÈNE III.

LAFLEUR, DELSIN.

DELSIN, *pendant que Lafleur lui passe sa robe-de-chambre.*

Ah! te voilà! c'est heureux! j'appelle depuis une heure...

personne,... ton activité, qu'on m'avait vantée, me paraî maintenant plus que douteuse.

LAFLEUR.

Je n'attends que l'occasion de vous en donner des preuves.

DELSIN.

J'avais besoin d'un serviteur zélé; je t'ai pris, je comptais sur toi...

LAFLEUR.

Était-ce alors comme on compte sur les régimens d'élite? mis en réserve, on les voit souvent donner sans ordre de leur chef,... c'est ce qui m'est arrivé ce matin,... un parti de créanciers s'est présenté, emporté par mon courage, j'ai chargé,.... déroute complète!...

DELSIN.

Des créanciers? et tu les a congédiés?...

LAFLEUR.

Oui, Monsieur, et comme je vous le disais, déroute complète!.. ce qui signifie que vous ne les verrez pas de sitôt: grâce à moi, ils vous croyent à la campagne pour un mois...

DELSIN.

Comment tu as osé te permettre,... t'avais-je autorisé à mentir aussi effrontément?... Sachez, M. Lafleur, que je suis toujours chez moi, et cela pour tout le monde...

LAFLEUR.

Pour vos créanciers aussi?

DELSIN.

Oui, Monsieur. Si dans des momens difficiles, j'ai contracté des dettes, aujourd'hui je puis les payer. Je suis certainement loin de blâmer en elle-même l'action d'éconduire un créancier, mais y recourir sans nécessité, c'est empiéter sur les droits de ceux dont la position légitime, les ruses... Sachez d'ailleurs que ne pas payer quand on a de l'argent, c'est faire un contre-sens dans l'ordre social.

LAFLEUR.

Maintenant que je connais vos intentions, j'aurai soin de m'y conformer.

DELSIN.

Pourrais-tu me dire au moins quels étaient ces braves gens?...

LAFLEUR.

Oui, certainement; il y avait d'abord le tailleur,... ensuite j'ai reconnu le bottier,... et avant eux était venu cette bonne tête germanique,... M. Usurman, cet homme si obligeant qui écorche ses cliens aussi impitoyablement que la langue française...

DELSIN.

Et tu l'as éconduit? moi qui tenais à le ménager!

LAFLEUR.

Si j'avais prévu...

DELSIN.

Tu vas réparer ta faute?... J'ai plusieurs commissions à te donner,... tu passeras d'abord chez lui pour lui dire que je l'attends.

LAFLEUR.

Oui, Monsieur.

DELSIN.

Ensuite, informe-toi, rue du Helder, de M. Verneuil; s'il ne l'habitait plus, prends des renseignemens sur sa demeure actuelle.

LAFLEUR.

Comptez sur moi.

DELSIN.

Rue de Richelieu, tu demanderas, à l'hôtel du Nord, M. Sainville, s'il est encore au nombre des locataires...Dis-lui que je ne l'ai pas vu depuis long-temps.... et qu'il a tort de négliger ses amis.... Sainville.... retiens bien ce nom ...

LAFLEUR.

Soyez tranquille.... C'est un nom célèbre celui-là! M. Sainville!....

DELSIN.

Le connaîtrais-tu?

LAFLEUR.

De réputation seulement....S'il a de l'argent, il fait bien des contre-sens dans l'ordre social, car il ne paye pas souvent.

DELSIN.

Comment sais-tu cela?

LAFLEUR.

J'ai un parent qui est huissier.... M. Sainville est en vénération chez lui... c'est sa providence! grâce aux protêts, il fait vivre une famille entière.. cinq enfans!... digne jeune homme!.. Pour engager ses créanciers à prendre patience, il leur parle d'un oncle qu'il a aux iles. ..

DELSIN.

Oui, un oncle dont il n'a pas de nouvelles depuis dix ans....

un flibustier célèbre.... Mais pars... et surtout de la promptitude.

LAFLEUR.

Oui, monsieur.... Nous disons donc M. Verneuil, M. Sainville, et d'abord Usurman.

DELSIN.

A propos! j'oubliais que je ne suis pas en mesure pour le payer .. Tu passeras aussi chez mon banquier.... (*écrivant quelques lignes.*) il te remettra 7,000 francs sur ce papier.

LAFLEUR.

Je pars.

DELSIN.

La commission de la rue du Helder m'importe surtout.

LAFLEUR.

Vous serez content. ... (*à part en s'en allant.*) quelqu'amourette, je le gagerais.

SCENE IV.

DELSIN *seul.*

Oui, je renonce à ces vains plaisirs qui ne laissent après eux que des regrets.... Je vais chercher un bonheur pur, un bonheur durable.. Depuis plus d'un an, j'ai cessé mes visites chez M. Verneuil.... si Virginie m'avait oublié!.. ah! je dois le craindre... ma longue absence ne semblait-elle pas annoncer que mon cœur était changé?

SCÈNE V.

DELSIN, SAINVILLE.

SAINVILLE *à part.*

Le voilà, ce cher ami!.... il ne s'attend guère à ma visite.

DELSIN, *sans voir Sainville.*

Le repentir rend éloquent..... je supplierai.... j'obtiendrai mon pardon..... et.....

SAINVILLE, *achevant.*

Te voilà le plus heureux des hommes!....

DELSIN.

Eh! c'est ce cher Sainville. Aurais-tu déjà reçu mon message?

SAINVILLE.

Non, mon ami... d'ailleurs, pour envoyer chez moi, savais-tu mon adresse?....

DELSIN.

Sans doute, rue de Richelieu....

SAINVILLE.

Rue de Richelieu? j'ai déménagé trois fois depuis que je l'ai quittée....

DELSIN.

Au fait, que deviens-tu donc? on ne te voit nulle part. Hier encore on t'accusait en ma présence.... Sainville, c'est un transfuge du bon ton.... il a payé ses dettes.... Voilà ce qu'on disait!

SAINVILLE.

J'ai payé mes dettes, moi?.... c'est faux!... D'abord, avec la meilleure volonté, il est prouvé.... J'espère que tu as pris ma défense?

DELSIN.

C'était un devoir. Messieurs, me suis-je écrié, cessez de calomnier Sainville; je le connais et suis persuadé qu'il n'est perdu ni pour la société.... ni pour les huissiers....

SAINVILLE.

Mon généreux ami!

DELSIN.

Ne te voyant nulle part, je pensais, moi, que quelque créancier peu traitable t'avait envoyé à Sainte-Pélagie.

SAINVILLE.

Non, mon ami; mieux eut valu sans doute!.... Sainte-Pélagie, retraite charmante, que de gens qui te calomnient!... Ceux par exemple qui te jugent sur tes grilles, sur tes verrous... enfin sur l'apparence... comme on juge les hommes sur leurs habits...

DELSIN.

Est-ce que par hasard, l'hôtel de la rue de la Clef t'aurait laissé des souvenirs agréables?...

SAINVILLE.

Et pourquoi pas? Militaires, financiers, poètes, avocats, fournisseurs, artistes, grands seigneurs, forment l'élite des joyeux locataires... les états de tous les pays y sont réunis... vous y trouvez des intrigans, des dupes, des femmes aimables, des sots, des gens d'esprit, des soirées brillantes, un jeu d'enfer, des dîners splendides... on dirait enfin d'un congrès en miniature.

DELSIN.

Comment as-tu donc fait pour te décider à en sortir?...

SAINVILLE.

Mes créanciers ont reconnu qu'il était inutile de m'y laisser plus long-temps : depuis notre dernière entrevue, j'ai voulu essayer d'une réforme; abdiquant les grandeurs et quittant le quartier du faste... c'est au marais que j'ai logé ma sagesse...

DELSIN.

Mon ami, moi aussi, j'ai changé de conduite... Je t'ai souvent parlé d'une jeune personne que j'aimais...

SAINVILLE.

Et dont tu n'as jamais voulu me dire le nom... tu faisais le discret...

DELSIN.

La dissipation m'avait éloigné d'elle... Aujourd'hui, revenu de mes erreurs, je veux mériter mon pardon...

SAINVILLE.

Et te marier?...

DELSIN.

Oui, mon ami.

SAINVILLE.

Eh bien! je suis plus avancé que toi... beaucoup plus avancé : tel que tu me vois, je suis fiancé...

DELSIN.

Il se pourrait?

SAINVILLE.

Oui, mon ami, fiancé... çà t'étonne et moi aussi... mais ce qui te surprendra davantage... c'est que je n'ai aucune envie de me marier.

DELSIN.

Voilà effectivement qui est extraordinaire...

SAINVILLE.

Depuis huit jours, je cherche un prétexte honnête pour me rétracter; ces idées de mariage ont tué mon imagination... je ne trouve rien, et je compte sur toi pour me tirer d'embarras.

DELSIN.

Mais au moins, tu vas me donner quelques explications... j'attends les détails.

SAINVILLE.

Les voici... La fille de mon propriétaire est fort jolie...

souvent j'eus occasion de la voir à sa croisée... souvent aussi je me trouvai sur son passage lorsqu'elle sortait avec son père... Alors le salut obligé, en qualité de jeune homme qui veut faire impression.

DELSIN.

Enfin tu devins amoureux.

SAINVILLE.

Non, pas précisément.. mais tu sais qu'en pareille circonstance, on doit toujours essayer de le paraître... agir autrement serait manquer à tous les égards... J'appris que le père possédait de grands biens, j'appris aussi, et il est aisé de tout savoir, les portiers ne sont pas là pour rien! J'appris que le peu de fortune de plusieurs prétendans à la main de sa fille joint à la relation complète de leurs caravanes, avaient fait rejetter leurs demandes... Alors, pour me distraire dans ma solitude, je résolus de me mettre sur les rangs..., persuadé de n'obtenir qu'un refus, puisque je cumulais les deux motifs d'exclusion; je me voyais pouvant jouer à mon aise les grands sentimens... j'entendais déjà les plaintes dont mon sort devenait l'objet... Père barbare! disaient ceux-là... pauvre jeune homme! s'écriaient celles-ci... Enfin, mon cher, je devenais intéressant... j'étais victime, ce qui ne laissait pas d'avoir son mérite.

DELSIN.

J'en conviens!.

SAINVILLE.

Admire avec moi ma fatalité... le père passe sur toutes mes erreurs de jeunesse!... Je ne lui cache pas que mon seul espoir est l'héritage d'un oncle, dont je n'ai pas de nouvelles depuis dix ans... Il persiste à m'accepter pour gendre!...

DELSIN.

Je ne vois pas que ta position soit bien affligeante...

SAINVILLE.

Ah! mon ami!... elle est terrible!... d'abord le beau-père a des goûts tout-à-fait champêtres..... toujours à la campagne.... il dote des paysannes, il fait des rosières... C'est beau de couronner la sagesse et de récompenser l'innocence.... Mais moi qui sais à quoi m'en tenir sur le compte de ses protégées... J'en ai rencontré deux ou trois dans les *Omnibus*. Ensuite, je me connais, je n'ai aucune des qualités dont la réunion constitue le bon mari... J'adorerais toujours ma jeune épouse.... ce qui ne m'empêcherait pas de la rendre la plus malheureuse des femmes...

DELSIN.

Elle pourrait peut-être opérer un changement...

SAINVILLE.

Impossible!... Et j'ai assez de délicatesse pour résister à l'appât de la dot... D'ailleurs si je me décidais un jour à former des nœuds durables, je voudrais faire choix d'une jeune personne dont le cœur n'eut jamais parlé.... Et ma prétendue n'est pas restée insensible aux discours d'un perfide...

DELSIN.

Vraiment?

SAINVILLE.

Elle a été trahie... et c'est pour l'éloigner des lieux qui lui rappelaient le volage, que le père, après avoir vendu son hôtel, est venu se retirer dans sa maison du Marais qu'il habite alternativement avec sa campagne, propriété charmante où l'on ne joue au billard, ni à l'écarté... C'est à mourir d'ennui!

DELSIN.

Et tu n'as trouvé aucun prétexte pour te rétracter? les choses sont donc bien avancées?...

SAINVILLE.

Demain la signature du contrat... Aujourd'hui grande réunion à la campagne du beau-père, fête champêtre en l'honneur de mon mariage.... Tu vois qu'il y a urgence.

DELSIN.

Effectivement....

SAINVILLE.

Il s'agit donc de trouver un moyen honnête....

DELSIN.

Cherchons....

SAINVILLE.

J'avais d'abord envie de t'engager à prendre ma place....

DELSIN.

Bien obligé!

SAINVILLE.

Tu serais bon, toi, pour faire des Rosières....Je suis sûr que la vie patriarchale te conviendrait.... Décidément tu ne veux pas prendre ma place?... Oh! non.... parce que dès qu'on a là une passion...... J'avais pensé aussi, mais en y réfléchissant...... impossible......

DELSIN, *vivement.*

J'y suis.... N'as-tu pas un oncle absent depuis long-temps?

SAINVILLE.

Oui, mon oncle le Corsaire.... Je le crois mort....

DELSIN.

Ressuscitons-le!... donnons-lui un caractère barbare et qu'il commence à exercer son autorité sur son neveu, par s'opposer à son mariage.

SAINVILLE.

A merveille! et qui te proposes-tu de me donner pour oncle?

DELSIN.

Un garçon très-intelligent que j'ai à mon service....

SAINVILLE.

Ton groom?

DELSIN.

Non, il est trop jeune... mais j'ai un nouveau valet-de-chambre, tu ne le connais pas encore... un homme précieux, à ce qu'on dit, c'est presqu'un artiste...il a été longtemps souffleur chez Doyen, et pendant trois mois il a coîffé les dames de l'Opéra-Comique.

SAINVILLE.

Alors, c'est un artiste!

DELSIN.

Sois sûr que le génie inventif de ton oncle d'emprunt saura bien donner le change au papa.

SAINVILLE.

Mon ami... mon véritable ami... quelle obligation!

DELSIN.

Pour que ton oncle n'ait pas l'air de te tomber des nues, il ne serait pas mal qu'il te prévînt de son arrivée. (*il sassied et écrit.*) C'est ton oncle qui t'écrit. (*lisant.*) « Mon cher neveu, après bien des peines, je revois enfin ma patrie!... forcé de m'arrêter quelques heures au Hâvre, où je suis débarqué, ce billet te sera remis par une personne qui me précédera que de peu de temps. » (*cessant de lire.*) Maintenant le nom de ton oncle?

SAINVILLE.

Roc.

DELSIN.

Roc. Maintenant prends cette lettre, montre-là au papa, et bientôt tu pourras embrasser ton oncle.

SAINVILLE.

Surtout... dis-lui bien que le principal motif de son déguisement est de s'opposer à mon mariage.

DELSIN.

Sois tranquille,... Tout ira bien!...

SAINVILLE.

Mon ami! quel service! Tu n'obligeras pas un ingrat,... tu me prêtes un oncle,... si jamais il te fallait un cousin,... une tante,... une famille entière, charge-moi de l'assortiment... Etourdi!... je m'en allais sans te laisser mon adresse, ou plutôt celle du beau-père,... la première maison en entrant au Plessis-Piquet,... tu viendras jouir de ton ouvrage,... je t'annoncerai, présenté par moi, tu verras quelle réception.

DELSIN.

C'est convenu.

SAINVILLE.

Adieu!... Ainsi à tantôt.

DELSIN.

A tantôt... Compte sur mon oncle de fabrique comme sur moi-même.

(*On entend dans la coulisse Usurman s'écrier : je veux parler à Meinher Telsin.*)

SAINVILLE, *va pour sortir par la porte du fond.*

Ah! mon Dieu! qu'est-ce que je j'aperçois? Meinher Usurman, il va me demander de l'argent.

DELSIN.

Sors par le jardin.

SAINVILLE.

Eh vîte! eh vîte! je ne puis faire un pas sans me trouver nez à nez avec un de ces animaux-là.

SCENE VI.

DELSIN, USURMAN.

USURMAN.

Meinher Telsin, j'avre bien l'honneur...

DELSIN.

Ah! c'est vous,... mon cher Usurman...

USURMAN.

Ia, ia, Lafleur m'avre dit que vous il n'être blus à son gampagne.

DELSIN.

Je vous ai fait venir pour rembourser ce que je vous dois,... n'est-ce pas quatre mille francs ?...

USURMAN.

Ia, ia, Meinher,... mais faut pas vous bresser... (*à part.*) C'est une baye excellente !... (*haut.*) Si vous étiez dans l'indention de renouveller...

DELSIN.

Non,... bien obligé : veuillez attendre quelques momens ; Lafleur qui est allé toucher vos fonds ne tardera pas à rentrer,... pardon si je vous laisse seul. (*à part.*) Il faut que je m'habille, Sainville compte sur moi. (*haut*) Tenez, lisez en attendant, voici les Petites Affiches,... c'est curieux,... intéressant,... on y trouve toujours des places, des maîtres, des valets, des meubles, des maisons, des femmes et des hôtels à louer ou à vendre,... et toujours au rabais,... c'est un vrai dictionnaire d'utilité publique,... Lafleur ne peut tarder,... ne vous impatientez pas.

SCÈNE VII.

USURMAN, *seul.*

C'est un tigne et brave jeune homme que M. Telsin,.. si tous mes gliens lui ressemblaient !... mais il y en a qui être bien chanceux, bar exemple M. Sainville, son ami... (*Lisant les affiches.*) « Un habitant du Languedoc, d'une famille *très-conséquente*, demande des pensionnaires pour leur donner des leçons de langue française et de prononciation. » « François, sachant parfaitement le latin et pensant très-pien... les chevaux, demande une blace d frotteur. » « Un auteur dramatique, connu par une facilité extraordinaire, demande des collaborateurs pour tout faire. Il leur offre un quart dans leurs ouvrages. »

SCÈNE VIII.

USURMAN, ROC.

ROC.

Comment, personne à l'antichambre, à qui diable s'adresser? Ah! enfin voilà une figure à-peu-près humaine.

USURMAN, *à part.*

Quel est ce Meinher?

ROC.

C'est ici chez M. Delsin?

USURMAN.

Ia, ia.

ROC.

Je veux lui parler.....

USURMAN.

Ia, ia.

ROC.

Ia, ia... Enfin où est-il? Mille bombes! allez-le chercher.

USURMAN.

J'être bas son valet, entendre-vous, Meinher... J'être son homme d'affaires.

ROC.

prHomme d'affaires, valet, peu m'importe.... Mais je suis d'essé.. Ce que j'ai à demander à M. Delsin, c'est l'adresse t un mauvais sujet de sa connaissance... ensuite je le laisse ranquille.

USURMAN.

Un mauvais sujet?... Meinher, j'être l'homme d'affaires de beaucoup de mauvais sujets. Quel être le nom de celui que vous cherchez?

ROC.

Sainville.

USURMAN.

Sainville?

ROC.

Eh bien! le connaissez-vous?

USURMAN.

Si moi le gonnaître?... ia, ia, Meinher... moi l'avre nourri pendant plus de six mois...

ROC.

Voilà un brave homme!

USURMAN.

A Sainte-Pélagie.

ROC.

Au diable!

USURMAN.

Lui me devoir encore 11,241 francs 75 centimes, intérêts compris. Il m'avre promis que son oncle le marin me rembourscrait un jour... Mais je gommence à groire que cet oncle il n'avre jamais existé...

ROC.

Vous vous trompez; et la preuve, c'est qu'il est devant vous.

USURMAN.

Quoi? Meinher, vous seriez....

ROC.

Son oncle, ia, Meinher....

USURMAN, *à part.*

O men good! si lui bouvoir payer les dettes. (*haut.*) Meinher, moi vous faire mon gombliment, vous avre un neveu drès-charmant.... il m'avre souvent barlé de vous... Mon oncle, disait-il, n'a beut-être boint à se louer de la fortune.... s'il revenait... ah! je bartagerais tout avec lui.

ROC.

Oui, un beau partage!... s'il n'a que des dettes...

USURMAN.

C'est égal, vous tevoir lui savoir gré de l'intention.

ROC.

Infiniment... Vous dites donc qu'il vous doit...

USURMAN.

Onze mille deux cent quarante et un francs soixante-quinze centimes, intérêts gombris... (*à part.*) Il barait bien disbosé.

ROC.

Et vous avez vos titres?

USURMAN.

Ia, Meinher, ils ne me quittent jamais... les voici....

ROC.

Je vais prendre des notes. (*il écrit sur un agenda.*) Dans mes courses, je m'informerai si mon neveu est réellement votre débiteur...

USURMAN.

Meinher, moi être ingabable de vous tromper.

ROC.

Et bien alors, je suis riche, je ne m'amuserai pas à chicaner; d'ailleurs, entre corsaires...

USURMAN.

Comment, Meinher, entre corsaires?

ROC.

Allons, corbleu! ne disputons pas sur les mots... Dans une heure je serai chez vous... Votre adresse?

USURMAN.

Rue Brise-Miche, n° 3, au sixième, au-dessus de l'entresol et de la rez-de-chaussée.

ROC.

Vous devez être en bon air!

USURMAN.

Moi loger si haut par intérêt pour mes gliens.... j'avre galculé que j'aurais pas pu tescendre à moins de leur brendre cinq bour cent de blus bar étage.

ROC.

Si vous vous étiez seulement logé au premier, votre changement de domicile leur aurait coûté un peu cher... Maintenant la demeure de mon neveu?

USURMAN.

Rue Saint-Louis, au Marais, ou au Blessis-Biquet, près de Sceaux,... je grois que lui tevoir épouser la fille de son brobrictaire.

ROC.

Ah diable! moi qui lui destinais une riche héritière de la Jamaïque; enfin, je ne m'opposerai pas à son bonheur... Vous dites donc au Plessis-Piquet.

USURMAN.

Ia, Meinher.

ROC.

C'est bien : une voiture m'attend en bas,... je vais d'abord faire mes courses...

USURMAN.

Si vous il vouloir barler à Meinher Telsin.

ROC.

C'est inutile,... je sais maintenant tout ce que je voulais savoir : dans une heure rue Brise-Miche.

USURMAN.

Ia, Meinher.

ROC.

Ayez soin, Monsieur l'homme d'affaires, de ne parler de mon arrivée à personne,... je veux jouir de la surprise de mon neveu,... mille tonnerres, si vous me trahissez, je vous brûle la moustache,... au revoir...

USURMAN.

Meinher, j'avre bien l'honneur...

SCÈNE IX.

USURMAN, *puis* DELSIN.

USURMAN.

C'être un brave homme! il me brûle la moustache,... j'en avre pas ainsi...

DELSIN.

Comment, Lafleur n'est pas encore de retour,... je suis vraiment désolé...

USURMAN.

Moi, n'être pas du tout fâché d'avoir attendu, j'avre très-bien embloyé mon temps.

SCÈNE X.

DELSIN, USURMAN, LAFLEUR.

LAFLEUR.

Ouf! je n'en puis plus...

DELSIN.

Te voilà donc? tu as été assez long-temps...

LAFLEUR.

Je vous assure que j'ai fait toute la diligence possible.

DELSIN.

Terminons d'abord avec Monsieur.

LAFLEUR.

Voici les sept mille francs.

DELSIN.

M. Usurman, voyez s'il y a bien là votre compte.

USURMAN.

Je m'en rapporte à vous, Meinher,... si vous il avre engore besoin de mes betits services,... je serai toujours prêt à vous obliger...

DELSIN.

Je saurai vous trouver.

USURMAN.

Moi, tevoir traiter vous en gonscience.

LAFLEUR, *à part.*

En gonscience! Cet homme là-me fait toujours l'effet d'un Mont-de-Piété ambulant. (*Usurman sort.*)

SCÈNE XI.

DELSIN, LAFLEUR.

DELSIN.

Maintenant rends-moi compte de mes commissions, d'abord rue du Helder.

LAFLEUR.

M. Verneuil n'y demeure plus,... il a vendu son hôtel,... impossible de savoir son domicile actuel,... personne ne le connait...

DELSIN.

Maladroit, je parie que tu as négligé de prendre les informations nécessaires...

LAFLEUR.

Oh! pour cela, je n'ai rien à me reprocher,... après avoir interrogé le corps respectable des portiers, je suis entré dans plusieurs magasins, dans les réponses, accord parfait, excepté chez le marchand de musique qui m'a dit, qu'avant son départ, Mademoiselle Virginie...

DELSIN.

Virginie! Il t'a parlé de Virginie?... et tu ne me le disais pas,... achève mon cher Lafleur.

LAFLEUR, *à part.*

Son cher Lafleur,... j'ai bien deviné, il est amoureux! (*haut.*) Mademoiselle Virginie, c'est le marchand qui parle, a fait emplette des romances les plus mélancoliques, par exemple : *Faut l'oublier, Reviendra-t'il*; il prétend avoir deviné, par ce choix, ses dispositions intérieures,... aussi, disait-il, qu'elle avait sans doute été trahie par un mauvais sujet.

DELSIN.

Insolent!

LAFLEUR.

C'est le marchand qui parle, il regardait aussi comme un bonheur pour elle d'avoir été délaissée, ajoutant qu'épouse du volage, elle eut été peut-être bien malheureuse.

DELSIN.

Ah! c'en est trop!...

LAFLEUR.

C'est toujours le marchand qui parle.

DELSIN.

Finissons. (*à part.*) J'irai moi-même prendre des renseignemens ; le nouveau propriétaire pourra m'en donner de certains.

LAFLEUR.

A l'hôtel du Nord, j'ai demandé monsieur Sainville... personne.

DELSIN.

Il sort d'ici... Lafleur, tu peux me prouver ton zèle... ton intelligence.

LAFLEUR.

Parlez, Monsieur, parlez.

DELSIN.

Il s'agit d'obliger Sainville.

LAFLEUR.

Tant mieux! lui, le bienfaiteur de ma famille! vous savez mon parent l'huissier?

DELSIN.

L'occasion est superbe pour t'acquitter envers lui : il n'est pas question ici d'un service ordinaire... tu me parlais ce matin de l'oncle qu'il a aux îles... ce corsaire fameux!

LAFLEUR.

Est-ce que par hasard, il faudrait aller à sa recherche?

DELSIN.

Non, car il est trouvé... son neveu, qui est à l'instant de se marier, veut se dégager sans blesser les convenances... c'est son oncle qui s'opposera...

LAFLEUR.

Mais cet oncle, où est-il?

DELSIN.

Ici... et c'est toi.

LAFLEUR.

Moi?

DELSIN.

Sans doute, comment tu ne comprends pas que, quittant la livrée, tu vas aujourd'hui prendre un costume nouveau.

LAFLEUR.

J'y suis... j'arrive de l'Amérique...

DELSIN.

Précisément.

LAFLEUR.

Ou de l'Afrique... Je presse mon neveu sur mon cœur, j'apprends ses projets de mariage...

DELSIN.

Et tu refuses ton consentement.

LAFLEUR.

Laissez faire... je saisirai parfaitement l'esprit de mon rôle...

DELSIN.

Pour le costume?

LAFLEUR.

N'avons-nous pas Babin? l'éternel Babin... la providence des artistes amateurs... Son magasin est pourvu des habits de to s les états, de toutes les conditions : un habit de corsaire, je n'aurai qu'à choisir.

DELSIN.

Quant aux renseignemens nécessaires à ton rôle...

LAFLEUR.

Il ne serait pas mal de me les donner par écrit... Ma mémoire n'aurait qu'à me trahir... il n'y aura pas de souffleur...

DELSIN.

Je les ai préparés; tu les trouveras dans mon cabinet, sur mon bureau : Sainville t'attend au Plessis-Piquet, tu vas partir sur-le-champ... je ne tarderai pas à t'y rejoindre... du zèle, de l'intelligence.

LAFLEUR.

Soyez tranquille... (*Delsin sort.*)

SCENE XII.

LAFLEUR, *seul.*

Il s'agit d'établir ma réputation... d'ailleurs, obliger monsieur Sainville, c'est un devoir... je vais être son oncle... Ah! s'il le fallait, j'aurais pour lui des entrailles de père!... Mais est-il bien naturel qu'un oncle s'oppose, seulement pour le plaisir de contrarier, à un mariage avantageux pour son neveu?... Il me semble que non... Il est indispensable de faire quelques frais d'imagination... voyons un peu... si j'annonçais que j'ai choisi une épouse pour ce cher neveu... c'est cela!... si je me présentais même avec une jeune personne... oh! certainement, c'est un rôle pour ma femme... Justine va devenir l'obstacle insurmontable à l'hymen projeté... bravo Lafleur! vite à la besogne! (*il sonne de toutes ses forces.*)

SCENE XIII.

LAFLEUR, JUSTINE, PLUSIEURS DOMESTIQUES.

JUSTINE.

Eh mon dieu! à qui donc en as-tu ?... le feu est-il à la maison?

LAFLEUR.

Non pas... mais tu arrives fort à propos... Vous autres, préparez mon cabriolet... je veux dire le cabriolet de Monsieur...

UN DOMESTIQUE.

Monsieur vient de le prendre.

LAFLEUR.

Eh bien! allez me chercher un coucou... du zèle, de l'ardeur, de l'activité... partez vîte, marauds!...

(*Les domestiques sortent.*)

JUSTINE.

Tu m'expliqueras peut-être ce que tout cela signifie!

LAFLEUR.

Cela signifie, madame Lafleur, que nous allons jouer la comédie.

JUSTINE.

Es-tu fou?...

LAFLEUR.

Non pas du tout... il y a un rôle pour toi...

JUSTINE.

Pour moi?...

LAFLEUR.

Certainement... et de jeune première encore...

JUSTINE.

Et notre maître?

LAFLEUR.

Lui, c'est l'auteur... Je t'expliquerai tout cela en route...

(*Un domestique entre.*)

LE DOMESTIQUE, *en riant.*

La voiture de Monsieur.

LAFLEUR.

Je me sens en verve... Le feu de la composition me brûle... Thalie et Melpomène m'animent.... je me vois en scène.... Montons vîte en coucou!

FIN DU PREMIER ACTE.

ACTE II.

Le théâtre représente une partie du jardin de M. Verneuil, fermé par une grille qui traverse le théâtre, à droite l'avenue du château, à gauche une partie du parc, le fond représente la campagne.

Au lever du rideau tout est préparé pour une fête, les danses sont très-animées, d'un côté des dames élégantes, de l'autre, des paysannes mises avec coquetterie. Tout annonce une fête foraine. Le ballet finit par une valse.

SCÈNE PREMIÈRE.

VERNEUIL, VIRGINIE, PERSONNES INVITÉES, PAYSANNES.

VERNEUIL.

Ah! çà mais, Sainville n'est point parmi les danseurs,... je ne l'ai pas vu de la journée, son absence m'inquiète.

VIRGINIE.

Notre société ne paraît pas avoir beaucoup de charmes pour lui,... il aura senti le besoin de distraction.

VERNEUIL.

Tu le juges mal.

VIRGINIE.

Vous croyez? regardez plutôt.

SCÈNE II.

LES MÊMES, SAINVILLE, *qui arrive en valsant avec une paysanne très-jolie, s'arrête tout court.*

SAINVILLE.

Ah! mon dieu! le beau-père!

VERNEUIL.

A la bonne heure! ne vous gênez pas,... au moment où je prenais votre défense.

SAINVILLE.

Ce n'est rien,... une simple distraction... à la campagne,... et puis c'est votre rosière de l'année dernière, ainsi il n'y a plus de danger...

VERNEUIL.

Silence!... (*Montrant sa fille.*) Faites donc attention...

SAINVILLE.

Vous avez raison,... la tête n'y est plus,... c'est la joie, le saisissement,... la surprise,... j'ai une si bonne nouvelle à vous annoncer.

VERNEUIL.

Quelle nouvelle?

SAINVILLE.

L'arrivée d'un convive sur lequel vous ne comptiez guère ni moi non plus.

VERNEUIL.

Et qui donc? un de vos amis.

SAINVILLE.

Plus que cela.

SAINVILLE.

Un parent? mais vous n'avez qu'un oncle...

SAINVILLE.

Effectivement...

VERNEUIL.

Serait-ce lui?

SAINVILLE.

Vous l'avez dit, beau-père.

VERNEUIL.

Comment, votre oncle le corsaire...

SAINVILLE.

Oui, mon oncle le corsaire est de retour en France; lisez plutôt.

VERNEUIL, *après avoir lu.*

Cette lettre est précise.

SAINVILLE.

Vous voyez qu'il peut arriver d'un moment à l'autre...

VERNEUIL.

Eh bien! tant mieux! nous allons donc le voir ce marin célèbre, que son courage a fait surnommer l'exterminateur,... votre félicité sera complète...

SAINVILLE.

Certainement, je n'aurai plus rien à désirer;... mais cependant, si mon oncle m'avait choisi une épouse,... s'il s'opposait à mon mariage...

VIRGINIE, *à part.*

Puisse-t-il dire vrai.

VERNEUIL.

Allons donc... laissez-là les inquiétudes,... quand votre oncle aura vu ma Virginie, il approuvera votre choix.

SAINVILLE.

Ah! sans doute, s'il a mon cœur;... mais vous savez, les marins, les corsaires surtout... sont entêtés en diable,... çà ne connaît ni l'amour ni les peines qu'il entraîne à sa suite,... pour eux. le sentiment,... ce délicieux sentiment,... (*à part.*) Si je veux faire des phrases je suis perdu.

UN DOMESTIQUE.

Une voiture vient d'entrer dans la cour, il en est descendu un monsieur qui demande M. Sainville.

VERNEUIL.

Amenez-le ici.

SAINVILLE, *à part.*

Serait-ce déjà mon homme? Delsin n'aurait pas perdu de temps...

ROC, *dans la coulisse.*

Où est-il? où est-il?

SCÈNE III.

LES MÊMES, ROC.

SAINVILLE, *à part.*

Oh! comme c'est bien çà!

ROC.

Où est-il donc, ce cher Sainville?

VERNEUIL.

Le voici,... mais vous-même, seriez-vous...

ROC.

Son oncle,... mille bombes!

SAINVILLE.

Il se pourrait...? (*à part.*) Songeons à bien jouer notre rôle. (*haut.*) Mon oncle! mon bon oncle!

ROC.

Eh! oui,... mauvais sujet, viens sur mon cœur...

SAINVILLE.

Mon cher oncle ! (*à part.*) Est-ce qu'il va m'étouffer ?

VIRGINIE.

Mon père, je vais surveiller les préparatifs de la fête et du repas.

VERNEUIL.

Va, ma chère enfant, et fait mettre un couvert de plus.

VIRGINIE, *à part en sortant.*

S'il pouvait ne pas vouloir de moi pour sa nièce.

SCÈNE IV.

ROC, SAINVILLE, VERNEUIL.

ROC, *regardant Sainville.*

C'est tout le portrait de ma pauvre sœur ! Viens mille sabords, que je t'embrasse encore.

SAINVILLE.

Quel bonheur ! (*à part.*) En finira-t-il avec ses embrassades ? je crois que le coquin s'amuse.

ROC.

Méchant drôle !

SAINVILLE, *à part.*

Eh bien ! il ne se gêne pas.

ROC.

Dans mes longues courses, j'ai souvent pensé à toi, au plaisir de notre réunion, ... je suis bien sûr que tu ne comptais plus sur moi...

VERNEUIL.

Il est vrai, qu'avant d'avoir reçu votre lettre, Sainville croyait bien...

ROC.

Que diable parlez-vous donc de lettre ?... je n'ai rien écrit.

VERNEUIL.

Allons, vous plaisantez. Sainville, montrez donc la lettre.

SAINVILLE.

Tenez, mon oncle, voyez.

ROC, *regardant la lettre.*

Ce n'est pas mon ecriture ! et d'ailleurs cette lettre est datée du Hâvre, et c'est à Bordeaux que je suis debarqué.

SAINVILLE, *à part.*

Ah! çà, mais est-ce que Delsin ne l'a pas mis au courant. (*haut.*) Bordeaux ou le Hâvre, qu'importe.

ROC.

Corbleu! quand je te dis que je ne t'ai point écrit... Mille tonnerres!

SAINVILLE.

Veux-tu bien ne pas jurer ainsi?

ROC.

Et si tel est mon plaisir, à moi?... aurais-tu l'intention de m'en empêcher? c'est qu'il est vraiment singulier!

VERNEUIL

Ne vous emportez pas..... Il est probable que quelqu'un, par intérêt pour Sainville, aura voulu le prévenir de votre arrivée.

SAINVILLE, *faisant des signes à Roc.*

Il faut qu'il y ait quelque chose comme cela.

ROC, *à part.*

Ce ne peut être alors que ce maudit usurier Allemand.

VERNEUIL.

L'essentiel c'est que vous soyez de retour....

ROC.

Et que je revienne riche... Il y a beaucoup de gens qui l'apprendront avec plaisir. N'est-ce pas mon drôle?

SAINVILLE, *à part.*

Mon drôle! mon drôle!... (*bas à Roc.*) Si tu le répètes encore... prends garde à toi.

ROC.

Je me souviens que de mon temps, il existait une classe de corsaires qu'on appelait, je crois, des créanciers....

VERNEUIL.

On leur donne encore le même nom aujourd'hui...

ROC.

Ces gens-là avaient la manie de toujours demander de l'argent.

SAINVILLE.

C'est une manie qu'ils n'ont pas perdue. (*à part.*) Est-ce qu'il va s'amuser à faire la conversation? ce n'est pas du tout pour cela que j'ai besoin de lui.

ROC.

Quand ils s'adressaient à moi... je les renvoyais à ma sœur, à ta mère..... Vingt ans sont passés depuis; mais il n'y a pas de prescription pour la reconnaissance.. et je regarderai comme un devoir de payer tes dettes, si tu en as... ce que je présume, car dans l'état actuel de la civilisation, un jeune homme doit en avoir... On m'a même déjà assuré, qu'à cet égard-là, tu étais terriblement civilisé.

SAINVILLE, *à part.*

Ah çà! mais arrivera-t-il à mon mariage?

ROC.

Nous verrons à arranger tout cela!. Corbleu! je me charge de ton bonheur... Je veux te marier.

SAINVILLE, *à part.*

Il se décide enfin à aborder la question... C'est heureux!...

ROC.

Tu as peut-être déjà fait un choix?

SAINVILLE.

Mais... mon oncle...

ROC.

De l'embarras! Mille bombes! Monsieur mon neveu, vous seriez-vous permis d'aimer sans ma permission?

SAINVILLE, *à part.*

A la bonne heure! le voilà parti!

VERNEUIL, *bas à Sainville.*

Laissez-moi faire... Il est brusque, mais c'est un brave homme... Je vais tout lui déclarer.... (*haut.*) Eh! bien! oui, Monsieur, votre neveu a trouvé celle qui doit le fixer et rien ne manquera à son bonheur, lorsque vous aurez donné votre consentement à son union avec ma fille.

ROC.

Il se pourrait?

VERNEUIL.

Sans doute; ma fille est jeune, jolie... L'intérêt ne me guidait pas... Je suis riche, Sainville n'avait rien... Vous hésitez? (*bas à Sainville.*) Allons joignez-vous à moi..(*à Roc.*) Cédez aux instances de votre neveu.

ROC.

Arrêtez! les prières sont inutiles...

SAINVILLE, *à part.*

Bravo! il saisit l'esprit de son rôle, je suis sauvé! (*haut*) Mon oncle...

ROC.

Oui, les prières sont inutiles... Loin de m'opposer à ce mariage, je me félicite d'être arrivé assez à temps pour assister au bonheur de Sainville... vous me voyez prêt à y souscrire..

SAINVILLE, *à part.*

Qu'entends-je! Serait-ce une mystification de la part de Delsin? Ah! le coquin!

ROC.

Sainville, je te félicite.

VERNEUIL.

Vous le féliciterez bien davantage quand vous connaîtrez ma fille... Elle était là lorsque vous êtes arrivé..... Je l'aperçois.... Vous allez juger vous même. (*appelant.*) Virginie ; (*Roc passe près de Sainville.*)

SAINVILLE, *bas à Roc.*

Misérable!

ROC.

Qu'est-ce que tu as?

SCENE V.

LES MÊMES, VIRGINIE.

VERNEUIL.

Approche, mon enfant, viens partager notre joie... Monsieur, l'oncle de Sainville, consent à ton mariage avec son neveu.

VIRGINIE, *à part.*

Je lui plais aussi!... Suis-je assez malheureuse!

ROC.

Comment, coquin, c'est là la nièce que tu veux me donner?.. Impossible de mieux choisir!

VIRGINIE.

Monsieur... (*à part.*) Il n'y a plus moyen d'éviter ce mariage... Ah! Delsin!

ROC.

C'est qu'elle est vraiment charmante!

SAINVILLE, *à part.*

Le malheureux!... J'étouffe de colere... J'y pense, peut-être, veut-il me faire sentir que je n'ai pas payé ses services... (*il tire une bourse et veut la mettre dans la main de Roc*) Tiens... tiens....

ROC.

Que diable veux-tu que je fasse de cette bourse? Es-tu fou?

SAINVILLE, *à part.*

Décidément, je suis joué.

VERNEUIL, *à Roc.*

La surprise que lui cause votre retour a peut-être troublé ses idées; au surplus vous ne pouviez mieux arriver... Vous allez faire connaissance avec ma famille.

ROC.

Très-volontiers... ce jour est un beau jour pour moi.

SAINVILLE, *à part.*

Un beau jour pour toi?... coquin tu payeras cher le divertissement que tu prends à mes dépens!

UN DOMESTIQUE.

Messieurs, vous êtes servis.

VERNEUIL.

A merveille!

ROC.

Comme vous dites, car la route m'a donné un appétit d'enfer.

SAINVILLE, *à part.*

L'effronté, c'est qu'il se mettrait à table si on le laissait faire! (*bas à Roc.*) J'espère que tu vas refuser.

ROC.

Plaît-il?

SAINVILLE.

Prends garde, la patience pourrait m'échapper...

ROC.

Que diable as-tu donc toujours à me parler bas?... Je te préviens que le canon m'a rendu un peu sourd.

SAINVILLE.

Quelle impudence!

ROC.

Voyons, monsieur mon neveu, est-ce que vous ne venez pas avec nous? Tu préfères peut-être la danse?... à ton âge... c'est naturel.

SAINVILLE, *à part.*

La danse! la danse!.... ah! je te ferai danser à ma manière.

VERNEUIL.

Allons, à table! monsieur Roc, offrez la main à ma fille.

ROC.

Ma chère nièce, voulez-vous bien permettre?...

SAINVILLE, *à part.*

Le voilà le héros de la fête!... Il n'a qu'à bien se tenir!... si je le rencontre seul...

(*Roc sort avec Verneuil et Virginie; Sainville les suit en menaçant Roc qui ne s'aperçoit de rien.*)

SCÈNE VI.

LAFLEUR, JUSTINE.

(*Justine tient Lafleur par le bras.*

LAFLEUR.

Le petit paysan nous a bien indiqué le chemin... nous voilà enfin à destination... Lâche donc mon bras.

JUSTINE.

C'est que je commence à avoir peur, moi!

LAFLEUR.

On voit bien que tu débutes... Allons, Justine, du courage! l'action va commencer; soigne ta tournure et observe-toi.

JUSTINE.

Jusqu'à présent, tu n'as pas de reproches à me faire...

LAFLEUR.

Continue et songeons que l'ennemi est-là... Il est là l'ennemi!

JUSTINE.

Ah! mon dieu! la peur me prend (*Elle saisit la basque de l'habit de Lafleur.*)

LAFLEUR.

Allons, te voilà encore pendue à mon habit! (*Il lui donne une tape sur la main*), lâche-moi donc! (*regardant du côté de la coulisse.*) Il paraît qu'on est à table... diable! un peu plutôt, nous aurious été invités...peut-être qu'ils seront assez honnêtes!... un moment cependant, pas de précipitation! il ne serait pas mal de récapituler ce que nous avons à faire, toi, Justine, de la grâce, de grands airs...

JUSTINE.

Regarde : est-ce bien comme çà?

LAFLEUR.

Oui, pas trop mal pour une débutante... Par exemple... plus de vivacité dans la prunelle... c'est essentiel, et puis, de temps en temps, un soupir bien prononcé, une respiration d'outre-mer.

JUSTINE.

Écoute : ah!...

LAFLEUR.

Un peu plus haut.

JUSTINE.

Comme çà?... Ah!

LAFLEUR.

Tu le tiens : ne manque pas non plus de parler de Nègres, de cocos, de singes et de perroquets... c'est une couleur locale.

JUSTINE.

Sois tranquille : à propos, tu vas t'opposer au mariage, c'est bien!... mais demain, le père de la jeune personne ne trouvera-t-il pas étonnant que l'oncle ait déjà quitté son neveu ?... Car enfin ton déguisement ne peut pas toujours durer.

LAFLEUR.

Ton observation est juste... Elle me flatte, ton observation! mais j'avais tout prévu : à peine arrivé, j'annonce mon départ, un vaisseau n'attend plus que moi pour mettre à la voile... des affaires importantes exigent ma présence au Congo, sous cinq semaines; je déclare même à mon neveu que je veux qu'il me suive.

JUSTINE.

A la bonne heure!

LAFLEUR.

Nous sommes donc en mesure... attaquons!

JUSTINE.

Ah! mon dieu!

LAFLEUR.

Qu'est-ce que c'est?

JUSTINE.

Voilà quelqu'un! (*Elle reprend encore l'habit de Lafleur.*)

LAFLEUR.

Sois donc tranquille! (*Lafleur se retourne brusquement pour voir s'il vient effectivement quelqu'un, l'habit se déchire, les basques restent dans les mains de Justine.*)

JUSTINE.

Oh! là! là!

LAFLEUR.

Eh bien! tu viens de faire une belle besogne... c'est gentil! me voilà en veste maintenant!... Un oncle qui arrive de l'Amérique, en veste! je ne suis plus présentable... Comment diable nous tirer de là?

JUSTINE.

Retournons à l'auberge, je te ferai une reprise....

LAFLEUR.

Une reprise... au moment d'entrer en scène! enfin il le faut bien, je n'embrasserai mon neveu qu'un peu plus tard... Eh!

vîte! vîte! j'aperçois un des convives... (*En se sauvant, ils heurtent Sainville et disparaissent avant qu'il n'ait eu le temps de les voir.*)

SCÈNE VII.

SAINVILLE, *regardant du côté par où Lafleur et Justine viennent de sortir.*

Ces gens-là sont-ils fous! Je n'ai pu rester plus long-temps à table.... c'est qu'il parle!... il raisonne comme s'il n'avait jamais été que mon oncle!... je crois même qu'il a proposé d'avancer le jour de mon mariage.... Le traître! et il mange!... et il boit! ah! j'aurai raison d'une semblable mystification!...

SCÈNE VIII.

SAINVILLE, DELSIN.

DELSIN.

Ah! mon ami, j'ai eu bien du mal à arriver jusqu'à toi... enfin me voici...

SAINVILLE.

Je t'attendais avec impatience...

DELSIN.

Il paraît que tu as déjà des nouvelles à me donner de Lafleur. Comment as-tu trouvé son costume?...

SAINVILLE.

Très-convenable.

DELSIN.

Et son rôle, l'a-t-il bien rempli?

SAINVILLE.

Parfaitement...

DELSIN.

Allons je vois, que tu t'es bien amusé...

SAINVILLE.

Oui, beaucoup...

DELSIN.

Je l'aurais parié!... ce coquin de Lafleur est vraiment très-intelligent...

SAINVILLE.

C'est toi qui sans doute lui a tracé son rôle?... il a dû te coûter de grands frais d'imagination...

DELSIN.

Pourquoi?

SAINVILLE.

Mais as-tu réfléchi qu'un auteur est responsable, et qu'ici cette responsabilité pourrait avoir des suites...

DELSIN.

Je ne te comprends plus; moi qui comptais sur tes remerciemens.

SAINVILLE.

Poursuis: ta plaisanterie est de si bon goût!... c'est une arme que tu manies avec tant de grâce! je t'engage cependant à ne pas l'employer plus long-temps,... il est des bornes devant lesquelles un homme d'esprit doit savoir s'arrêter,... s'il s'obstine à les franchir, alors ce n'est plus à l'homme d'esprit, c'est à l'homme d'honneur qu'on s'adresse.

DELSIN.

Ma foi! mon ami, considéré comme morceau d'éloquence, ton discours est superbe,... mais je n'y comprends rien.

SAINVILLE.

Et moi, j'abandonne la partie, si je t'écoutais plus long-temps, je ne pourrais contenir l'indignation que m'inspire ton mauvais procédé. (*Il sort.*)

SCÈNE IX.

DELSIN, *seul.*

Est-ce bien à moi qu'il s'adresse?... qu'ai-je fait pour exciter sa mauvaise humeur?... Si j'avais prévu cette aimable réception, je me serais bien gardé de quitter Paris,... heureusement que mon cabriolet est encore à l'entrée du parc, je repars,... il viendra quand il voudra me donner l'explication de cette boutade;... mais que vois-je dans cette allée?... une jeune personne,... quelle ressemblance,... ou plutôt c'est elle-même! c'est Virginie!

SCÈNE X.

DELSIN, VIRGINIE,

VIRGINIE.

O ciel! M. Delsin...

DELSIN.

Ah! restez,... ne me privez pas du bonheur que le hasard me procure.

VIRGINIE.

Le hasard? oui, c'est le hasard, lui seul en effet pouvait vous amener dans des lieux que j'habite...

DELSIN.

Quel reproche! ne m'aviez vous pas pour toujours banni de votre présence?

VIRGINIE.

Fallait-il écouter une défense dictée par le dépit que me causait votre légèreté?... mes craintes,... mon inquiétude n'étaient que trop fondées, et loin de chercher à les calmer, vous avez préféré accuser mon cœur, sans doute pour être en droit de rompre des liens qui n'avaient plus de charmes pour vous...

DELSIN.

Non : mon seul tort fut de mal interprêter votre froideur,... j'aurais dû dissiper vos soupçons,... il m'eut été si facile de vous prouver que je n'étais pas coupable!... Ah! croyez bien que votre souvenir ne m'a jamais quitté...

VIRGINIE.

Quoi? Delsin, vous n'auriez pas cessé de penser à moi,... de m'aimer...

DELSIN.

Pas un seul instant, je le jure...

VIRGINIE.

Cette certitude est bien douce à acquérir,... mais hélas, dans quel moment nous retrouvons-nous?...

DELSIN.

Qu'ai-je à redouter? parlez, je vous en supplie...

VIRGINIE.

Mon père à disposé de ma main...

DELSIN.

Grand dieu!... et vous consentez...

VIRGINIE.

Persuadée que vous m'aviez oubliée,... heureuse de pouvoir me venger,... j'acceptai d'abord avec joie l'époux que me présentait mon père,... je m'aperçus, mais trop tard, que je me punissais moi-même,... et bientôt M. Sainville...

DELSIN.

Sainville? c'est à lui que votre père vous destine?

VIRGINIE.

Sans doute,... pourquoi cette surprise?

DELSIN.

Ah ! Virginie, je suis le plus heureux des hommes !

VIRGINIE.

Grand dieu !... sa tête s'égare !

DELSIN.

Rassurez-vous,... mais c'est que vraiment la chose est plaisante !... comme c'est heureux qu'il se soit adressé à moi !

VIRGINIE.

Je ne vous comprends pas !...

DELSIN.

Je le crois bien : il serait trop long de vous expliquer,... qu'il vous suffise de savoir que Sainville ne s'opposera pas à notre bonheur.

VIRGINIE.

Son oncle est arrivé...

DELSIN.

Ce n'est pas son oncle,... pour des motifs que vous connaîtrez plus tard, Sainville ne pouvait recevoir votre main,... ne sachant comment se rétracter, il a eu recours à mes conseils,... et c'est moi qui l'ai engagé à feindre le retour de son oncle;... j'ai fait plus,... il lui fallait un personnage pour lui en servir, je l'ai fourni, et c'est mon domestique, que j'ai chargé de ce rôle...

VIRGINIE.

Il se pourrait ?

DELSIN.

Sans doute : et cet oncle d'emprunt a dû s'opposer au mariage de son neveu ?...

VIRGINIE.

Nullement,... il n'a pas fait plus de difficulté pour y consentir, que pour se mettre à table...

DELSIN.

L'effronté, je le reconnais bien là ! il n'aura pu résister à la tentation d'un bon dîner !... il est bien du siècle,... je ne m'étonne plus de la colère de ce pauvre Sainville.

VIRGINIE.

Je crois, Delsin, que vous ferez bien de vous éloigner quelques momens, je préparerai mon père à vous revoir !... c'est que lui aussi était furieux contre vous ! je vais l'instruire de l'importance du personnage qu'il a si bien fêté...

DELSIN.

Soit,... chargez-vous de ma réconciliation avec M. Verneuil, et bientôt je reviens l'entendre confirmer le pardon que vous m'avez accordé... (*Il sort.*)

SCÈNE XI.

VIRGINIE, *puis* ROC.

VIRGINIE.

Allons prévenir mon père... Ah! voilà l'oncle de fabrique,... quel air commun!

ROC.

Comment ma chère nièce, vous vous promenez seule...... j'aurai le plaisir de vous offrir mon bras...

VIRGINIE.

Vous? songez à notre position réciproque, et vous apprécierez mon refus...

(*Elle sort en jettant sur Roc un coup-d'œil dédaigneux.*)

SCÈNE XII.

ROC, *seul.*

Par exemple! si je sais ce qu'elle veut dire,... il paraît que ma future nièce a des caprices,... c'est juste! une jolie femme! Je donnerai à mon neveu quelques conseils à cet égard-là,... quant au papa Verneuil,... impossible de trouver un plus brave homme,... aussi vais-je le prier de me rendre un service,... je lui ai demandé à cet effet un entretien particulier; justement le voici...

SCÈNE XIII.

ROC, VERNEUIL, VIRGINIE.

VIRGINIE.

Mon père, ce que j'ai à vous dire, est de la plus grande importance.

VERNEUIL.

C'est bien,... c'est bien,... va retrouver la compagnie, je suis à toi dans la minute...

VIRGINIE.

Mais mon père...

VERNEUIL.

Fais ce que je te dis.

SCÈNE XIV.

VERNEUIL, ROC.

VERNEUIL.

Pardon, M. Roc, si je vous ai fait attendre.

ROC.

Entre nous,... pas de gêne, vous allez voir que moi, je me mets tout de suite à mon aise...

VERNEUIL.

C'est cela, pas de cérémonie,... pas de façons!...

ROC.

Vous saurez donc, M. Verneuil, que sur mon invitation, les créanciers de Sainville doivent se rendre ici ce soir, je n'ai pas réfléchi, en leur assignant ce rendez-vous, que toute ma fortune est en portefeuille; je n'avais en espèce qu'une douzaine de mille francs, une première dette que j'ai payée ce matin, m'a mis à sec,... j'ai beaucoup de traites,... mais à de longues échéances, et j'ai pensé que vous pourriez me procurer des fonds contre mes valeurs.

VERNEUIL.

Certainement,... combien vous faut-il?

ROC.

Une vingtaine de mille francs pour le moins....

VERNEUIL.

Justement... j'ai, parmi les convives, M. Melcourt, mon homme d'affaires... (*appelant.*) Antoine!

UN DOMESTIQUE.

Monsieur?

VERNEUIL.

Dites à M. Melcourt que je veux lui parler...(*le domestique sort.*) Voilà d'abord un portefeuille qui contient dix mille francs.

ROC.

En échange, voici des traites...

VERNEUIL.

Non, c'est inutile; vous remettrez tout cela à Melcourt... Je présume bien qu'il n'aura pas votre somme sur lui.... mais nous sommes si près de Paris!.. Je vais vous faire préparer mon cabriolet. (*appelant*) François! mon cabriolet!

SCENE XV.

LES MÊMES, MELCOURT.

MELCOURT.

On vient de me prévenir que vous me demandez ?...

VERNEUIL.

C'est pour vous autoriser à compter à Monsieur la somme qu'il vous fixera... Vous pouvez lui ouvrir un crédit illimité. Je me porte garant.

ROC.

J'ai d'ailleurs d'excellentes valeurs à vous donner...

(*Virginie se montre à l'entrée d'un bosquet et fait signe à son père qu'elle veut lui parler.*)

VERNEUIL, *à part.*

Encore Virginie! Que peut-elle donc avoir de si pressé à m'apprendre? (*haut.*) Messieurs, je vous laisse... la société m'attend...

ROC.

A tantôt...

VERNEUIL.

Vous serez prompts?

ROC.

Dans deux heures nous sommes ici...

SCENE XVI.

MELCOURT, ROC.

MELCOURT.

Monsieur, nous partirons quand vous voudrez...

ROC.

Attendez... M. Verneuil nous a fait préparer son cabriolet. C'est l homme le plus obligeant!

UN DOMESTIQUE.

Messieurs, le cabriolet est prêt.

ROC.

Partons.

SCÈNE XVII.

VERNEUIL, VIRGINIE.

VIRGINIE.

Oui, mon père, tout ce que je viens de vous dire est véritable... Delsin est repentant... il m'aime encore, et l'oncle de Sainville n'est autre que Lafleur, son domestique.

VERNEUIL.

Il se pourrait?.. Et moi qui lui ai fait un accueil... O ciel! j'y pense, et mes dix mille francs!..(*On entend le bruit du cabriolet.*) Qu'est-ce que j'entends? C'est lui qui s'éloigne dans mon cabriolet que j'ai eu la bonhommie de lui faire préparer..... Et Melcourt qui va lui ouvrir un crédit illimité... Ah le coquin! Dieu! pour comble de malheur... c'est Cocote qui l'emmène.. elle qui va comme le vent! (*appelant.*) François! Antoine! Germain?

SCÈNE XVIII.

LES MÊMES, PERSONNES INVITÉES, DOMESTIQUES.

VERNEUIL.

Vite! sur les traces du fripon qui s'éloigne dans mon cabriolet.. Il m'emporte dix mille francs!... Agilité, promptitude... Allons, courez et ramenez-le, mort ou vif!

SCÈNE XIV.

LES MÊMES, SAINVILLE.

SAINVILLE.

Eh! mon dieu! à qui en avez-vous donc!

VERNEUIL.

Vous voilà, Monsieur? venez jouir de votre ouvrage... Votre conduite est indigne...

SAINVILLE.

Que s'est-il donc passé?

VERNEUIL.

Vous le demandez? vous, Monsieur, qui présentez un laquais sous un titre respectable.

SAINVILLE.

Aie! aie! il sait tout.

VERNEUIL.

Ce ne serait rien encore... mais il m'emporte dix mille francs..

SAINVILLE.

Dix mille francs?... il serait possible...

VIRGINIE.

Ah! mon Dieu! quel bruit...

VERNEUIL, *regardant.*

Ce sont mes gens,... je ne me trompe pas,... ils le ramènent,... je respire,... mes dix mille francs sont sauvés.

SCÈNE XX.

LES MÊMES, ROC, MELCOURT, DOMESTIQUES.

ROC.

Mille tonnerres !... me lâcherez-vous, à la fin ? voulez-vous me lâcher !

VERNEUIL.

Au contraire, tenez-le bien...

ROC.

Comment ? vous aussi, M. Verneuil ?

VERNEUIL.

Je crois, Dieu me pardonne, qu'il veut jouer l'étonnement !...

ROC.

Mille sabords ! que signifie cette scène scandaleuse ?

SAINVILLE.

Je te conseille de le demander...

ROC.

Et toi,... Sainville,... toi,... mon neveu...

SAINVILLE.

Allons, maraud, ne m'approche pas,... son neveu ?... décidément, il y tient.

ROC.

Avez-vous tous perdu la tête ?... quoi personne ne m'expliquera...

VERNEUIL.

Des explications ? la justice les donnera... Conduisez-le chez le maire,... nous verrons s'il y conservera son effronterie... Mais, ne l'emmenez que lorsqu'il m'aura restitué mon portefeuille...

ROC.

Eh ! le voilà, votre portefeuille !

VERNEUIL.

C'est bien ! maintenant emmenez-le,... je vais faire ma déposition...

ROC.

Par la Sainte-Barbe, ne m'approchez-pas !...

VERNEUIL.

Ne craignez rien, et surtout tenez-le bien. (*Roc se débat au milieu des domestiques et des gardes champêtres.*) Chez le Maire !

TOUS.

Chez le maire.

FIN DU DEUXIÈME ACTE.

ACTE III.

Le théâtre représente une salle basse élégante, au fond une porte et deux croisées ouvertes donnant sur le jardin.

SCÈNE PREMIÈRE.

SAINVILLE, *seul se jetant sur un fauteuil.*)

Ah! ma foi! qu'ils s'arrangent comme ils voudront! il n'y a plus moyen d'y tenir!... c'est à qui criera le plus fort,... et tous s'en prennent à moi, jusqu'au maire qui se permet de m'adresser un beau sermon sur ma légèreté, et ce scélérat de valet qui ne veut pas en démordre,... qui soutient toujours que je suis son neveu.... quant au papa Verneuil, il est furieux!... je présume qu'il ne persistera pas à me prendre pour gendre,... il faut donc déménager d'ici,... rentrer à Paris où je vais retrouver mon cortége ordinaire de créanciers.

SCÈNE II.

SAINVILLE, USURMAN.

USURMAN, *saluant.*

Meinher....

SAINVILLE.

Usurman?... allons, en voilà un qui vient me relancer jusqu'à la campagne! décidément, il n'y a plus de procédés!

USURMAN.

Je suis enchanté Meinher!...

SAINVILLE.

Bonjour, mon cher Monsieur Usurman! comment va la santé, M. Usurman?

USURMAN.

Meinher, la santé il être fort bon.

SAINVILLE.

Je craignais qu'on ne vous eut ordonné l'air de la campagne?...

USURMAN.

Ne, Meinher.

SAINVILLE.

Vous avez peut-être une propriété dans les environs ?

USURMAN.

Ne, Meinher,... je viens...

SAINVILLE.

C'est qu'ordinairement on ne vous rencontre que dans les rues de Paris,... il paraît qu'aujourd'hui vous parcourez la banlieue,... vous venez sans doute d'obliger quelqu'un ? de faire de la philantropie à vingt-cinq pour cent, et *extra muros*.

USURMAN.

Ne, Meinher, je viens de la gampagne d'une betite gandadrice qui, avec bien peu de voix, a su enchanter un brince Rousse...

SAINVILLE.

Eh bien! et le prince russe...

USURMAN.

Il avre trouvé, le brince rousse, qu'elle possédait un joli gosier..., et il lui avre donné en échange un belle mobilier...

SAINVILLE.

C'est très-bien ! ensuite ?

USURMAN.

Moi, j'avre fourni, pour de bons roubles, le belle mobilier,... j'ai pas voulu partir sans vous rendre une betite visite.

SAINVILLE.

Très-reconnaissant!... mais vous savez que je ne suis pas un brince rousse, et pour le moment, je suis sans argent,... ainsi donc,...

USURMAN.

Je temander pas d'argent à vous, Meinher ?...

SAINVILLE.

Alors, qu'est-ce-donc qui vous amène ?

USURMAN.

Je fouloir vous remettre ces deux titres qui vous appartiennent.

SAINVILLE.

Ce sont bien mes obligations,... mais quand je vous dis que je n'ai pas d'argent.

USURMAN.

J'avre pas besoin d'argent,... j'être payé...

SAINVILLE.

Payé ?...

USURMAN.

Eldièrement payé.

SAINVILLE.

Monsieur Usurman, pas de quiproquo, regardez-moi bien.

USURMAN.

Ia, ia...

SAINVILLE.

Je m'appelle Sainville.

USURMAN.

Je le savre pien.

SAINVILLE.

Eh bien! alors, qu'est-ce que vous venez me chanter que vous êtes payé.

USURMAN.

Moi, Meinher, je ne chante pas, mais je dis que votre oncle m'a soldé ce matin...

SAINVILLE, *à part.*

Mon oncle?.... allons? le voilà encore sur le tapis! (*haut.*) Eh bien! mon brave M. Usurman, apprenez que ce n'était pas mon oncle...

USURMAN.

Gomment... ce n'était pas votre oncle....

SAINVILLE.

Non sans doute... C'était simplement le valet de Delsin.

USURMAN.

Moi gonnaître drès-pien le valet de Meinher Telsin; mais c'est pien à votre oncle... que j'avre eu affaire..

SAINVILLE.

Il y met de l'entêtement!...

USURMAN.

A votre oncle le marin...

SAINVILLE.

Roc, l'exterminateur?

USURMAN.

Ia, l'exterminateur.

SAINVILLE.

Corsaire, domicilié dans les quatre parties du monde?

USURMAN.

Ia, ia.

SAINVILLE.

Et il vous a payé?

USURMAN.

Mais sans doute, à mon betite maison de la rue Brise Miche.

SAINVILLE.

C'est fini! vous allez voir que maintenant il va me pleuvoir des oncles! Celui-ci dumoins s'annonce assez bien.

USURMAN.

Vous ne l'avoir donc bas vu?

SAINVILLE.

Non, sans doute... Je voudrais bien savoir où il se cache?...

USURMAN.

Tiaple!... il m'avre regommandé de ne pas vous apprendre son retour... Mais il être trop tard pour songer à son défense.

SAINVILLE.

Oui, il est beaucoup trop tard... et vous ne risquez plus rien de me dire tout ce que vous pouvez savoir encore.

USURMAN.

Eh pien!... il m'avre chargé de gonvoquer ici tous vos gréanciers... Il dit qu'il ne lui en goûtera pas blus de bayer tout à la fois.

SAINVILLE.

Il ne lui en coûtera pas plus? c'est autre chose... Enfin si çà peut lui être agréable.. Le brave oncle! comment, moi je n'aurais plus de dettes? demain, à mon réveil, je ne verrais plus cette brillante assemblée! Vous me croirez si vous voulez, mon cher Usurman, mais il me semble qu'il me manquera quelquechose.. Je suis capable d'en faire une maladie!

USURMAN.

Votre oncle, il avre l'intention de vous marier...

SAINVILLE.

Comment, il vous a dit?...

USURMAN.

C'était, je crois, avec une riche héritière qu'il amener avec lui de loin...

SAINVILLE.

Voilà qui dérangerait un peu mes idées! enfin, nous verrons... L'essentiel c'est qu'il paye...et j'aurais tort de le contrarier....

USURMAN.

Oh certainement!... un si brave homme!

SAINVILLE.

Je ne peux pas encore me mettre ce retour-là dans la tête! .. Pourvu que je n'en devienne pas fou! mon cher Usurman, si vous rencontrez par hasard cet oncle si aimable... dites-lui que je l'attends avec une impatience!...

USURMAN.

Ia, ia... A brobos... voici vos titres...

SAINVILLE, *à part.*

Il me les remet parbleu bien!

USURMAN.

Toujours à vos ordres, Meinher Sainville... et à dix pour cent meilleur marché, vu votre nouvelle bosition...

SAINVILLE.

Je profiterai de vos offres, vous pouvez y compter.

USURMAN.

Chai avre bien l'honneur...

SAINVILLE.

Oui, au plaisir!

SCÈNE III.

SAINVILLE, *seul.*

Je n'en reviens pas... Mon oncle, mon véritable oncle est arrivé... Comme c'est heureux pour mes créanciers!.. Il me tarde de le voir, ce cher et bon parent! je suis bien sûr que je le reconnaîtrai au premier abord.... un marin! un corsaire!... Quand je songe à ce maraud de tantôt, quel air emprunté!.. pas de chaleur, pas d'entraînement... Ce pauvre monsieur Verneuil, quand je vais lui annoncer cette nouvelle, il est capable de croire que je me moque encore de lui!.. Je lui dois des excuses pour la scène de ce matin... Maintenant que je me range... que je paye mes dettes, je dois tenir à l'estime, à la considération, parce que l'estime et la considération çà mène au crédit, et plus tard, on ne sait pas ce qui peut arriver!... Ah! mon dieu! voici mon Ariane abandonnée...

SCÈNE IV.

SAINVILLE, VIRGINIE.

VIRGINIE.

Ah! pardon, Monsieur, je croyais que mon père était ici...

SAINVILLE.

Il n'est pas encore rentré... (*à part.*) C'est très-embarrassant de se trouver tête-à-tête avec une femme sacrifiée!

VIRGINIE.

Je crains de vous déranger, Monsieur, je me retire...

SAINVILLE.

Votre présence ne peut que m'être agréable... (*à part.*) C'est heureux qu'elle n'ait pas plus d'expérience,... elle m'aurait déjà arraché les yeux!

VIRGINIE, *à part.*

Et Delsin que j'attends !

SAINVILLE, *à part.*

Tâchons de nous excuser un peu. (*haut.*) Combien je dois paraître coupable à vos yeux?...

VIRGINIE.

Vous, Monsieur? et pourquoi?

SAINVILLE.

Pourquoi? (*à part.*) par exemple la question est bonne! (*haut*) ma conduite,... cette ruse maladroite...

VIRGINIE.

Eh bien! Monsieur?

SAINVILLE, *à part.*

Comment, eh bien? (*haut.*) Enfin, Mademoiselle, tout ce que j'ai fait pour rompre le mariage arrêté, doit exciter votre courroux, votre indignation.

VIRGINIE.

Non, Monsieur, au contraire.

SAINVILLE.

Au contraire? (*à part.*) Me voilà retombé dans les énigmes!

VIRGINIE.

Si vous m'aviez fait part de vos projets,... nous nous serions entendus,... je vous aurais si bien secondé!

SAINVILLE.

Vous?

VIRGINIE.

Certainement.

SAINVILLE.

Alors vous ne ressentiez pour moi aucune inclination?

VIRGINIE.

Ah! mon Dieu! aucune!...

SAINVILLE, *à part.*

Comme c'est flatteur pour un jeune homme habitué à faire des passions! (*haut.*) Cependant vous m'auriez épousé?...

VIRGINIE.

Mon père le voulait, pouvais-je lui résister!

SAINVILLE, *à part.*

Voyez où mène l'obéissance des enfans!... (*haut.*) Ainsi, Mademoiselle, vous êtes enchanté de tout ce qui s'est passé?

VIRGINIE.

Vous m'en voyez ravie,... mon père ne veut plus entendre parler de vous.

SAINVILLE.

Oui,... je m'y attendais.

VIRGINIE.

Il vous haït,... et moi, je sens au contraire que je vous déteste moins...

SAINVILLE.

Ah! sans doute,..., système de bascule,... ce qui me prouve que je ne pouvais guère espérer cumuler,.... voilà qui remet ma conscience en repos.

VIRGINIE.

Puis-je vous faire une prière?...

SAINVILLE.

Parlez, trop heureux de vous être agréable!

VIRGINIE.

Eh bien! tâchez de maintenir mon père dans ses bonnes dispositions, qu'il ne puisse plus revenir sur ce qu'il m'a promis,... vous comprenez...

SAINVILLE.

A merveille, il faut me faire chasser...

VIRGINIE.

C'est cela même,... Dieu que vous êtes aimable!

SAINVILLE.

Vous trouvez?... c'est juste,... maintenant que je m'en vais!...

VIRGINIE.

Je compte sur vous,... et je retourne vers lui...

SAINVILLE.

Qui? lui...

VIRGINIE.

Lui...

SAINVILLE.

Ah! oui,... j'y suis : *lui* qui était cause que vous m'épousiez par obéissance? et le nom de ce *lui*?... (*On entend Verneuil dans la coulisse s'écrier : ah! le coquin.*)

VIRGINIE.

Chut!... j'entends mon père,... je me sauve!...

SAINVILLE.

Me voilà bien avancé!... c'est égal! aujourd'hui, soyons tout à l'estime!.., voyons venir le beau-père manqué...

SCÈNE V.

SAINVILLE, VERNEUIL.

VERNEUIL, *à part.*

Ah! l'effronté coquin! c'est qu'il joue l'honnête homme avec un naturel!... (*Apercevant Sainville.*) Eh bien! Monsieur,... c'est à vous cependant que je suis redevable de tout ce scandale...

SAINVILLE, *à part.*

Je m'attendais à cette première bordée! (*haut.*) Monsieur...

VERNEUIL.

Voyons, que direz-vous pour vous justifier?

SAINVILLE.

Rien... (*à part.*) Çà n'est pas difficile!

VERNEUIL.

Rien? je le crois, parbleu bien!... votre conduite est sans excuse...

SAINVILLE.

Vous m'en voyez confus...

VERNEUIL.

Comment,... vous que j'estimais,... vous à qui j'accordais sans hésiter ce que j'avais de plus cher au monde, ma fille...

SAINVILLE, *à part.*

C'est cela, de la morale!... pas moyen de l'esquiver,... (*haut.*) Soyez persuadé, Monsieur, que le repentir a précédé vos justes reproches...

VERNEUIL.

Je vous pardonnerais volontiers, mais envisagez les suites que pourrait avoir votre inconséquence : qui sait si ma fille, ma Virginie, ne s'était pas fait une douce habitude de vous entendre,... de vous chérir...

SAINVILLE, *à part.*

Il s'adresse bien! comme si je ne savais pas à quoi m'en tenir.

VERNEUIL.

Si nous n'avons rien à craindre à cet égard,... que dira-t-on dans le monde lorsque la rupture de ce mariage sera connue? quels reproches n'auriez-vous pas à vous faire si, dédaignée à seize ans, ma Virginie devait languir dans un état voisin du mépris.

SAINVILLE, *vivement.*

Non, ce malheur n'est point à craindre : appelée à être l'ornement de la société, votre aimable fille ne manquera pas sa vocation,... partout je professerai mes torts,... et loin de languir dans l'oubli, elle fera le charme d'un monde qui la réclame,... un jeune époux sentira le prix de son bonheur,...

pour moi,... j'étais indigne de la posséder,... si vous connaissiez tous mes défauts! je suis mauvais sujet, non par dépravation, non par principe, mais je suis né avec ces dispositions-là comme un autre nait avec des dispositions poétiques ou guerrières,... c'est une vocation! je fais des dettes, comme le poète fait des vers, par inspiration...

VERNEUIL.

J'ai voulu seulement vous montrer où pouvait conduire votre légèreté... dans l'étourdi qui a secondé vos projets, en vous prêtant un oncle, ma fille a retrouvé celui qu'elle a toujours aimé...

SAINVILLE.

Il se pourrait? effectivement, ce matin, encore, Delsin me parlait d'une jeune personne...

VERNEUIL.

J'oublie vos torts,... par exemple je ne pardonne pas tout-à-fait à votre oncle d'emprunt...

SAINVILLE.

A propos d'oncle,... si vous saviez...

VERNEUIL.

Qu'est-ce donc encore?

SAINVILLE.

La chose la plus extraordinaire...

VERNEUIL.

Mais enfin, parlez,...

SAINVILLE.

Le véritable est arrivé!...

VERNEUIL.

Est-ce une suite de la plaisanterie?

SAINVILLE.

J'en étais sûr! vous ne voudrez pas me croire,... mais je vous donne ma parole d'honneur que rien n'est plus vrai,... on ne peut m'avoir trompé,... c'est un créancier soldé qui m'a donné cette bonne nouvelle.

VERNEUIL.

C'est très-bien,... mais je ne croirai à l'arrivée de cet oncle que lorsque je le verrai lui-même.

SAINVILLE.

C'est ce qui ne tardera sans doute pas,... car, d'après ce qu'on m'a dit, j'attends sa visite d'un moment à l'autre.

SCÈNE VI.

LES MÊMES, UN DOMESTIQUE.

LE DOMESTIQUE.

Un monsieur et une dame demandent M. Sainville.

SAINVILLE.

Qu'est-ce que je vous disais? c'est lui sans doute,... oui, mais cette dame? (*à part.*) C'est peut-être l'héritière en question... (*haut.*) vous permettez?...

VERNEUIL.

Certainement.

SAINVILLE.

Faites entrer.

SCÈNE VII.

LES MÊMES, LAFLEUR, JUSTINE.

LAFLEUR, *en entrant, bas à Justine.*

Tu es bien sûre que çà ne se voit pas.

JUSTINE.

Sois tranquille,... c'est comme neuf...

LAFLEUR.

Alors,... attention, de la décence! (*haut.*) M. Verneuil?

VERNEUIL.

C'est moi, Monsieur.

LAFLEUR.

Enchanté de faire votre connaissance.

SAINVILLE, *à part.*

Mon cœur bat,... la nature parle, sa voix ne trompe jamais: c'est-là mon oncle!

LAFLEUR.

Je vous dirai d'abord que vous voyez en moi un second Robinson...

SAINVILLE, *à Verneuil.*

Qu'en dites-vous?...

VERNEUIL.

Il a l'air bien commun!

SAINVILLE.

Du tout! c'est de la rondeur!

JUSTINE, *à part.*

Ah! mon Dieu! c'est Monsieur Sainville,... ce jeune étourdi qui venait si souvent chez mon ancienne maîtresse et qui m'embrassait toujours...

LAFLEUR.

Après trente ans d'absence, quel plaisir de revoir sa patrie!... je viens chercher un neveu que je ne connais pas (*à part.*) Frappons les grands coups!... (*haut.*) On me nomme le capitaine, Roc l'exterminateur...

SAINVILLE, *dans les bras de Lafleur.*

Mon oncle! mon cher oncle! mon cœur l'avait bien deviné!...

LAFLEUR.

O moment délicieux ! ô nature. (*à part.*) Comme il me serre !...

VERNEUIL, *à Sainville.*

Vous l'étranglez.

SAINVILLE.

Je suis si heureux ! (*avec attendrissement*) je ne serai donc plus sans parens,... c'est un père que je retrouve.

LAFLEUR, *à part.*

Un père ! comme il y va.... (*d'un ton pleureur.*) Oui, je serai ton père, ton bon père...

VERNEUIL.

Ils finissent par m'attendrir aussi !...

LAFLEUR.

Corbleu ! si tu savais que de dangers j'ai affrontés ! j'ai parcouru t ute la terre,... j'ai chaviré treize fois ! chez les Antropophages, j'ai manqué d'avoir un rapport intime avec la broche : j'étais déjà bardé.

VERNEUIL, *bas à Sainville.*

Ah ! çà, mais qu'est-ce qu'il nous conte donc là, votre oncle ?

SAINVILLE, *bas à Verneuil.*

C'est toujours de la rondeur,... (*haut.*) Mon oncle, le repos va vous faire oublier vos peines.

LAFLEUR.

A moi, du repos ? à moi ? mille sabords !

SAINVILLE.

J'espère bien, mon oncle, que vous renoncerez à vos courses ?

LAFLEUR.

Non, Monsieur, je ne viens ici que pour vous chercher.

SAINVILLE.

Moi, mon oncle ?

LAFLEUR.

Oui, Monsieur : vous pensiez peut-être que mes richesses, acquises à force de travaux, allaient servir à entretenir vos goûts indolens ?... détrompez-vous. Je veux utiliser votre jeunesse ; j'ai armé un bâtiment,... un corsaire,... c'est vous qui le commanderez.

SAINVILLE.

Comment, mon oncle ?...

VERNEUIL.

Ah ! par exemple ! ce pauvre Sainville !... le voilà capitaine de corsaires...

LAFLEUR.

Et vous partirez demain... pas plus tard... vous irez croiser dans la mer des Indes... Il doit y passer un riche convoi... cette prise sera votre coup d'essai...

SAINVILLE.

Mais songez donc que je n'ai aucune des connaissances nécessaires à un marin.

LAFLEUR.

Ne serai-je pas là pour te guider ?

VERNEUIL, *à Sainville.*

Ah! puisqu'il sera là pour vous guider...

SAINVILLE.

Et vous aussi? vous croyez que je vais me mettre au biscuit et au bœuf salé.

LAFLEUR.

Plus d'observations, s'il vous plaît; je ne les aime pas, les observations!... Si tu réussis dans ta première expédition... (*montrant Justine.*) voilà ta récompense... c'est la fille de mon ancien associé... Je dois toute ma fortune à son père qui me témoigna en mourant le désir que sa fille devînt un jour l'épouse de mon neveu... cette dernière volonté sera sacrée pour moi.

VERNEUIL, *à Sainville.*

Une semblable récompense ne vous permet plus d'hésiter.

SAINVILLE, *après avoir regardé Justine.*

Vous avez raison. (*à part.*) Elle est ma foi jolie! c'est singulier!... il me semble que je connais cette petite femme-là!

JUSTINE, *à part.*

Il va me reconnaître!

LAFLEUR, *à part.*

Comme il la regarde! s'il allait tomber amoureux de ma femme!

SAINVILLE.

Mon oncle... elle est fort bien, la fille de votre ancien associé... mais si vous saviez...

LAFLEUR.

Quoi donc... s'il vous plaît?...

SAINVILLE, *riant.*

Ah! ah!

LAFLEUR.

Comment ah! ah! (*à part.*) Qu'est-ce qu'il lui prend ?

SAINVILLE.

Je ne vois pas trop pourquoi je ferais le discret avec vous... un corsaire! et avec monsieur Verneuil, un père de famille qui doit savoir tout ce qui peut arriver à un jeune homme naturellement sensible...

VERNEUIL.

Où voulez-vous en venir?

LAFLEUR.

Oui, où veux-tu en venir?

SAINVILLE.

Eh bien! c'est qu'elle ressemble, mais à s'y méprendre, à une petite femme-de-chambre très-vive, très-agaçante, que j'ai connue dans le temps...

LAFLEUR.

Hein! qu'est-ce que tu dis?

VERNEUIL.

Vraiment?

SAINVILLE.

C'était un démon, et rusée...

LAFLEUR.

Quelle position!

VERNEUIL.

Ah! le mauvais sujet!

JUSTINE.

Qu'est-ce qu'ils ont donc à se parler tout bas?

LAFLEUR, *à Sainville.*

Il paraît que cette petite femme-de-chambre n'était pas mal avec toi...

SAINVILLE.

Nous étions très-bien ensemble, au contraire!

LAFLEUR, *à part.*

O la perfide. (*haut.*) En sorte que...

SAINVILLE.

Oui, mon oncle...

LAFLEUR, *à part.*

Malheureux Lafleur!...

VERNEUIL., *à part.*

C'est très-drôle.

LAFLEUR.

On la nommait?...

SAINVILLE.

Justine...

LAFLEUR, *à part.*

Plus de doute!... O maudit déguisement!...

JUSTINE, *à part.*

Il m'a reconnue!... Empêchons les confidences. (*bas à Lafleur.*) Est-ce le moment de donner une couleur locale?

LAFLEUR, *bas à Justine.*

Je vais t'en donner tout-à-l'heure des couleurs locales.

SAINVILLE.

Qu'est-ce qu'il vous prend donc, mon cher oncle?

LAFLEUR.

Un mal affreux. (*bas à Justine.*) Monstre!

VERNEUIL.

Vous avez vraiment l'air de souffrir beaucoup...

LAFLEUR.

Oui, j'enrage!...

SAINVILLE.

C'est donc un mal de dents?... Avec de la patience... Vous disiez, mon cher oncle?...

LAFLEUR.

Je disais que... (*bas à Justine.*) C'est une horreur!

JUSTINE, *à part.*

Ah! çà, mais qu'est-ce qu'il lui a donc appris? (*bas à Lafleur.*) Tranquillise-toi... c'est une calomnie.

VERNEUIL.

Son état m'inquiète.

SAINVILLE, *à Justine.*

Ces crises là lui prennent-elles souvent?

JUSTINE.

Très-souvent.

LAFLEUR.

Restez ici, Madame... Mademoiselle, et ne me quittez pas... Quant à vous, Monsieur, je dois vous dire... (*à part.*) Je ne sais plus où j'en suis... ah! m'y voilà! (*haut.*) Enfin, vous me voyez furieux.

SAINVILLE.

Oui, toujours ce maudit mal de dents.

LAFLEUR, *à part.*

Avec son mal de dents! (*haut.*) Il s'agit bien de cela... C'est de votre mariage avec la fille de Monsieur... J'ai pris des renseignemens... je connais vos intentions...

VERNEUIL.

Que ce projet de mariage ne vous cause aucune inquiétude... D'un commun accord, les parties ont repris leur parole...

LAFLEUR.

Ah! çà, mais que dit-il donc?

SAINVILLE.

La vérité.

LAFLEUR, *à part.*

Alors, qu'est-ce que je viens faire ici?

SAINVILLE.

Tenez, mon oncle.... sans former aucun projet pour l'avenir, aujourd'hui ne nous occupons que du plaisir d'être réunis...

LAFLEUR.

Si j'y comprends un mot!...

SAINVILLE.

D'ailleurs, nous allons avoir de l'occupation, je sais que vous avez convoqué mes créanciers pour ce soir,.. je connais leur exactitude...

LAFLEUR. *à part.*

Des créanciers?... De plus fort en plus fort... (*bas à Justine.*) Veux-tu bien rester auprès de moi!

SAINVILLE.

Je suis étonné qu'ils ne soient pas encore arrivés...

LAFLEUR, *à part.*

Il faudra sans doute les congédier et obtenir du temps... heureusement, je suis habitué à ces scènes-là!

SCÈNE VIII.

LES MÊMES, VIRGINIE, DOMESTIQUES.

VIRGINIE.

Mon père! mon père... accourez!...

VERNEUIL.

Qu'as-tu donc, mon enfant?

VIRGINIE.

Il est parvenu à s'évader!..

VERNEUIL.

Qui?... le coquin de tantôt?

VIRGINIE.

Oui, mon père... Il bat tous ceux qui se présentent...

UN DOMESTIQUE.

C'est vrai... nous nous sommes présentés...

VIRGINIE.

Il est furieux... il casse, il brise tout! vos cloches de melons sont en mille morceaux!

SAINVILLE.

Le coquin!

VERNEUIL.

Courons tous arrêter ce furieux...

SAINVILLE.

C'est cela, courons!...

SCÈNE IX.

LAFLEUR, JUSTINE.

JUSTINE.

Les voilà partis!

LAFLEUR.

Il paraît que c'est un fou furieux!...

JUSTINE.

Ah! mon Dieu! c'est lui qui vient par ici,... je me sauve!

LAFLEUR.

Et moi aussi.

SCÈNE X.

LAFLEUR, ROC.

(*Lafleur se trouve nez à nez avec Roc qui lui barre le passage.*)

ROC.

Où sont-ils? où sont-ils? ils me fuient!... heureusement, j'en tiens un,... il payera pour tous....

LAFLEUR, *à part.*

Ah! mon Dieu!

ROC.

Où il m'expliquera....

LAFLEUR.

Tout ce que vous voudrez,...

ROC.

Dites moi d'abord ce que signifie ce qui m'arrive?...

LAFLEUR, *à part.*

Que lui répondre? il est capable de m'assommer...

ROC.

Eh bien! parlerez-vous? pourquoi m'a-t-on arrêté? pourquoi voulait-on m'enfermer?

LAFLEUR, *à part.*

Belle demande! un fou de son espèce,... ne l'irritons pas,... (*haut.*) Vous savez, Monsieur, que les hommes sont souvent injustes,... ils ne savent pas reconnaître le vrai mérite...

ROC.

Et qui vous parle de cela, mille sabords!...

LAFLEUR, *à part.*

Il se fâche!... si je pouvais m'esquiver... (*Il va pour sortir, Roc le retient.*)

ROC.

Restez! votre habit semble annoncer un marin,... ah! si j'étais assez heureux pour trouver en vous un collègue...

LAFLEUR, *à part.*

Il paraît que çà lui ferait plaisir! (*haut*) Oui, Monsieur, je suis marin...

ROC.

Tant mieux! vous allez prendre mon parti,... nous les assommerons tous,... et puis nous ferons sauter le château.

LAFLEUR.

C'est cela! nous ferons sauter...

ROC.

Voilà un brave homme ! touchez-là,... que je sache au moins votre nom ?...

LAFLEUR, *à part.*

Contentons-le ! (*haut.*) Je suis le fameux capitaine Roc l'exterminateur...

ROC.

Qu'entends-je,... comment, malheureux,... tu prends mon nom ?...

LAFLEUR, *à part.*

Allons, le voilà reparti !

ROC.

C'est moi qui suis Roc...

LAFLEUR.

Non, c'est moi !...

ROC.

C'est moi ! et je vais te le prouver. (*Il saisit Lafleur à la gorge.*)

LAFLEUR.

Au secours ! au secours !

SCÈNE XI.

ROC, LAFLEUR, SAINVILLE, VERNEUIL, VIRGINIE, JUSTINE, DOMESTIQUES.

SAINVILLE.

Dieu ! il étouffe mon oncle !

JUSTINE.

Il étrangle mon mari !...

(*Lafleur vient se réfugier derrière Sainville.*)

SAINVILLE.

Son mari ! Comment... mon oncle, vous vouliez donc me faire épouser votre femme ?

LAFLEUR.

Au diable ! la parenté, à la fin !

VERNEUIL, *aux domestiques.*

Emparez-vous de cet homme-là !

ROC, *un fauteuil à la main.*

Le premier qui m'approche... je l'assomme !

SCÈNE XII ET DERNIÈRE.

LES MÊMES, DELSIN.

DELSIN.

Que vois-je ? (*à Lafleur.*) Comment coquin tu es encore ici ?...

LAFLEUR, *à part.*

Allons... voilà l'autre !

VERNEUIL.

Mais c'est l'oncle de Sainville.

DELSIN.

Du tout! c'est mon domestique.

SAINVILLE.

Son domestique?

DELSIN.

Sans doute....

VERNEUIL.

Ah! par exemple!

SAINVILLE.

Quel quiproquo!... Alors ce serait donc celui là qui serait... Car il m'en faut un... Mon oncle.

ROC.

Ton oncle? tu le veux donc à la fin?.. Mais c'est moi maintenant qui te renie pour mon neveu.

SAINVILLE.

Vous allez voir que sur deux il ne m'en restera pas un.

VERNEUIL.

Monsieur, que d'excuses!

SAINVILLE.

C'est une ruse employée pour rompre mon mariage qui est cause de tout cela...

ROC.

Marie-toi, ou reste garçon... peu m'importe! ce que je demande, c'est qu'on me laisse tranquille...

SAINVILLE.

Vous n'avez plus rien à craindre.

ROC.

C'est fort heureux!.. par la Sainte-Barbe!.. je me souviendrai de la réception!..

SAINVILLE.

Ah! mon oncle... nous vous ferons oublier les suites de cette maudite méprise!... Toi, maître Lafleur... rappelle-toi toujours que tu m'as nommé capitaine de Corsaires... Si dans mes courses, je faisais quelques prises, tu n'aurais pas le droit de te plaindre.

JUSTINE.

De la confiance... pas de jalousie! et tu n'auras rien à craindre des corsaires...

LAFLEUR.

Je n'en doute pas..... (*à part.*) Dieu si je pouvais me faire assurer!

FIN.

www.ingramcontent.com/pod-product-compliance
Lightning Source LLC
LaVergne TN
LVHW011957160826
845678LV00002B/583

* 9 7 8 2 3 2 9 6 8 2 0 2 0 *